AF253635

ARCHÉOLOGIE MUSICALE.

—

GABRIEL BONI,

COMPOSITEUR,

Ancien Maître de Chapelle de la métropole Saint-
Étienne de Toulouse; sa musique
des QUATRAINS du sieur Gui-du-Faur de Pibrac
(XVIᵉ siècle);

PAR

J.-B. LABAT,

Ex-Organiste de la Cathédrale de Montauban,

Ancien Élève du Conservatoire,
Membre des Académies impériales des Sciences de Toulouse, de Bordeaux;
de l'Académie romaine de Sainte-Cécile, de la Société des Sciences
et de la Société d'Archéologie de Tarn-et-Garonne.

MONTAUBAN,

IMPRIMERIE FORESTIÉ NEVEU, RUE DU VIEUX-PALAIS, 23.

—

1869.

GABRIEL BONI.

Il est des époques où toutes les aspirations sociales
sont parfaitement indiquées, et où, moment de transi-
tion irrésistible, les éléments de la pensée arrivent
comme à un terme marqué, et se montrent radicale-
ment impuissants de passer outre. C'est ce qui se pro-
duisit au temps de la Renaissance, lorsque les vestiges
de la littérature et de l'art grec, importés en Occident
par quelques savants échappés au désastre de Byzance,
vinrent se greffer sur le vieux tronc de la littérature et
de l'art du Moyen-Age.

L'apparition en Italie d'abord, puis en France, des
débris de cette riche civilisation de l'ancienne Grèce y
amena une transformation, non-seulement dans les
éléments de l'expression de la pensée, mais encore
dans les tendances des esprits, devant qui s'ouvraient
les plus larges horizons. Ce fut surtout un nouveau
germe de vie pour la poésie et la musique, ces deux
aimables sœurs, toujours heureuses de leur union, qui
demandaient le moyen d'entrer dans un domaine plus
vaste et mieux en rapport avec l'élan et la vivacité de
leur caractère. La musique, plus particulièrement,

voulant s'inspirer hors du sanctuaire, cherchait des accents plus pénétrants et des formes plus libres. Enfin s'annonça l'aurore d'un nouvel art, et tandis que les Ronsard, les Amyot, les Balzac, les Malherbe brisaient en France le maillot de la littérature, les compositeurs italiens Monteverde, Peri, Galilée, Caccini, dégageaient la musique de ses vieux liens, permettaient à l'inspiration de déployer ses ailes et de s'élancer vers les hautes régions de l'expression dramatique, au moyen de rhythmes et d'harmonies appellatives que seule pouvait réaliser une nouvelle tonalité.

Sans y participer, ce fut pendant cette importante transformation littéraire que parut le poème des *Quatrains du sieur Gui-du-Faur de Pibrac*, qui, sous d'autres rapports, était également une œuvre d'actualité.

En effet, les esprits fortement agités des funestes évènements du règne malheureux de Charles IX, les cœurs encore saignants de tant de pertes douloureuses, recherchaient des émotions plus douces, sollicitaient une morale consolante, un baume réparateur pour tous les sentiments nés d'une charité vraiment chrétienne. Or, c'est de ce besoin moral que le sieur de Pibrac s'inspira dans ses strophes, pour donner à ses contemporains et aux générations futures une leçon d'humanité qui devait faire bénir son nom (¹). L'apparition du livre

---

(¹) Gui-du-Faur de Pibrac naquit à Toulouse en 1528. Il fit ses études, d'abord dans sa ville natale, puis à Paris et à Padoue. De retour à Toulouse, il y obtint une charge de conseiller, et, peu de temps après, il fut nommé juge-mage. C'est en cette qualité qu'il fut député aux États d'Orléans, où il parut avec éclat (1559). Ses succès attirèrent sur lui tous les

des *Quatrains* fut un heureux évènement pour la Société lettrée ; le succès inouï qu'il obtint aussitôt dans le monde entier prouva son opportunité. On le traduisit dans toutes les langues vivantes, sans en excepter le turc, l'arabe, le persan, etc. Les savants, pénétrés du bienfait de son essence, le rendirent classique en le reproduisant en grec, en latin, et en le faisant admettre jusque dans l'enseignement élémentaire.

Mais, au point de vue de la forme, Gui-du-Faur de Pibrac ne pouvait guère donner à son poème la coupe lyrique qu'on ignorait encore. Dans la pensée d'être utile et sans se préoccuper d'aucun auxiliaire, ce littérateur s'attacha à écrire une œuvre qui répercutât les accents douloureux de son âme ; à cet égard, on ne

regards. Il représenta le roi de France Charles IX au concile de Trente, où il rendit également des services signalés. Le duc d'Anjou, devenu roi de Pologne dans des circonstances extrêmement difficiles, choisit Gui-du-Faur de Pibrac pour son conseiller intime. L'histoire dit l'intelligence et l'énergie que Pibrac déploya au milieu des dangers de la situation. Il devint ensuite président à mortier du parlement de Paris, et enfin chancelier du duc d'Orléans, puis de la reine Marguerite de Navarre, épouse de Henri IV. Dans tous ces emplois, son intégrité se montra toujours à la hauteur de son magnifique talent.

L'abbé Calvet, dans l'éloge de Gui-du-Faur de Pibrac, couronné par l'Académie des Jeux Floraux en 1778, nous le peint parfaitement en quelques mots : « Dans ce temps, dit-il, où la superstition et l'anarchie semblaient saper jusqu'en ses fondements l'édifice que François Ier avait élevé aux arts et aux sciences, Pibrac fit admirer en lui l'orateur éloquent, le poète intéressant et aimable, le critique judicieux, le jurisconsulte profond, le magistrat éclairé, l'habile négociateur, enfin l'homme de lettres, l'homme d'État et le philosophe. »

(Voyez l'éloge de Gui-du-Faur de Pibrac au *Recueil des Mémoires de l'Académie des Jeux Floraux*, année 1778).

pouvait lui demander davantage. Or, c'est ce poème, dont trois siècles n'ont point lassé la profonde estime, que le compositeur Boni voulut mettre en musique (1583).

Boni (Gabriel) était né à Saint-Flour (Cantal). Après avoir fait de bonnes études musicales, et s'être fait connaître par des compositions importantes pour l'Église; il était venu s'établir à Toulouse. Malgré la nature de ses études et les exigences de l'emploi qu'il occupait, son goût semblait l'appeler vers les compositions idéales, écrites dans un style relativement libre, dont le type résidait alors dans les madrigaux, les chansons harmonisées et surtout dans les œuvres si pittoresques de Clément Jannequin. Dans ce genre, Boni fit ses premiers essais en mettant en musique les *sonnets de Ronsard* (1579).

Boni, maître de chapelle de la métropole Saint-Étienne de Toulouse, occupait une très-haute position artistique. Au XVIe siècle, dans les productions des arts et surtout pour les compositions musicales, Paris ne dominait point entièrement la province, et les œuvres des compositeurs tels que Cadéac, maître de chapelle de l'église métropolitaine d'Auch; de Barré (Léonard), de Limoges, qui passa en Italie et figura dans l'étude de la question musicale au concile de Trente; de Boni, dont nous nous occupons, étaient recherchées, hautement appréciées et répandaient un certain lustre sur les villes qu'habitaient ces artistes. A la vérité, l'art musical de cette époque différait essen-

tiellement de celui de nos jours, d'abord par sa tonalité, ensuite par sa forme et son application. Il y avait
alors comme actuellement l'École française, mais cette
école n'était pas sur un seul point : elle se montrait
partout, représentée par les nombreuses maîtrises
répandues sur toute la surface du royaume, et par les
œuvres destinées à l'Église, œuvres émanées de la
plume savante des maîtres de chapelle. On le sait, il
n'en est plus ainsi : l'École française actuelle n'a guère
d'autre objet que la musique dramatique, et le théâtre
est le lieu privilégié de ses plus belles manifestations.

Comme homme et comme artiste, Boni fut frappé et
ému de la beauté des *Quatrains* du sieur de Pibrac ; et
comment un compositeur ayant exercé sa plume et
senti les intermittences de sa fièvre créatrice, résisterait-
il au besoin d'associer les accents de son art aux nobles
pensées d'un poète inspiré en vue du bien ? Le maître
de chapelle de Saint-Étienne n'hésita point à se saisir
de ce remarquable poème et à chercher dans son ima-
gination, et surtout dans son cœur, le moyen de le
revêtir d'une musique qui n'en fût point tout-à-fait
indigne. Eh bien ! c'est cette œuvre musicale, d'une
rareté inouïe, dont nous devons la communication à
l'obligence de M. le vicomte de Lastic Saint-Jal, que
nous allons essayer d'analyser, en mettant en lumière
autant que possible les passages qui nous ont offert le
plus de relief. Un mot d'abord sur le texte.

Le livre des *Quatrains*, avec musique (¹), est dédié

(¹) Paris. — Adrien Leroy et Robert Ballard, imprimeurs du roy, 1583.

à Monseigneur, fils de France, frère unique du roi, duc de Brabant, d'Anjou, comte de Flandre, etc., etc. Gui-du-Faur de Pibrac a écrit une dédicace en un sonnet; J. Magnin, conseiller du roi (conseil privé), président du parlement, répond à cette dédicace par un autre sonnet. Mais l'auteur a adopté exclusivement les vers de dix syllabes pour tous ses *quatrains;* d'où il résulte une uniformité de rhythme qu'on éviterait aujourd'hui.

Le compositeur a divisé ce poème en séries de six strophes; l'ensemble de la partition forme vingt-une séries, représentant autant de morceaux de musique distincts ayant plusieurs subdivisions. Ainsi, cette œuvre présente la réunion d'un grand nombre de chœurs à quatre, cinq ou six parties réelles. Il n'y apparaît jamais de *solo* proprement dit. C'est donc une composition musicale plutôt harmonique que mélodique.

Dans le n° 1, les quatre premières strophes sont traitées à qutre voix inégales : dessus, alto, ténor et basse. La cinquième et la sixième strophes sont à cinq parties. Boni conserve pour sa musique cette même disposition jusqu'au dernier numéro, qui est écrit entièrement à six voix.

Quoiqu'il procède continuellement par l'ensemble des voix, Boni cherche néanmoins à rendre sa musique mélodique, soit par la division prosodique des syllabes, soit par le mouvement rhythmique que lui inspire le sens du texte; mais les éléments de la phrase musicale n'étant point encore constitués selon les lois du rhythme moderne, la division de ses périodes ne peut être régulière : sous ce rapport, il y a absence totale de symétrie et de scandé. Quant aux procédés de notation pour la formation régulière de chaque mesure, il y règne un vague fort embarrassant pour le lecteur et pour le traducteur. Comme dans notre notation moderne, un chiffre placé près de la clef au commencement de la portée, au début du morceau, indique la nature de la mesure; mais c'est la seule indication ; les mesures n'y sont point séparées entre elles par la petite barre perpendiculaire usitée de nos jours. Au point de vue de la durée relative de chaque son, la figure des notes est celle de la notation blanche du plain-chant figuré, c'est-à-dire l'emploi de la *maxime, brève, semi-brève, noire* ou *minime*, etc., rapports qu'il devient à peu près impossible d'établir d'une manière absolue dans la traduction en notation moderne.

Cette poésie, toute morale et toute sentencieuse, ne présente qu'une teinte sombre, une gravité continue, que le compositeur exprime par le mode mineur. La conduite de la modulation harmonique se ressent naturellement des modes de l'ancienne tonalité, encore seuls en usage au moment où Boni écrivit son œuvre : les cadences ou terminaisons de phrases portent surtout cette empreinte. Dans le n° 1 de la première strophe ([1]), Boni termine sur la dominante, simulant le repos épisodique du quatrième mode du plain-chant; le n° 2, deuxième strophe , repose sur la tonique ([2]) ; le n° 3, troisième

([1]) Voyez l'exemple 1.
([2]) Voyez l'exemple. 2.

strophe, a sa terminaison sur la dominante, etc. Il est certain que l'auteur cherche aussi la variété dans des éléments peu propres à la lui fournir. Toutefois, la musique de cette première série, qui a pour objet les devoirs de l'homme envers Dieu, se distingue par un caractère grave et mystique, caractère qui devait ressortir particulièrement de l'emploi du mode de *sol mineur*, et de l'harmonisation en contrepoint qui en forme toujours le fond.

Dans la deuxième strophe de la deuxième série, le compositeur donne beaucoup de solennité à la mélodie sur ces paroles où le poëte célèbre la beauté de la terre :

> Dans le pourpris de ceste cité belle,
> Dieu a logé l'homme comme en lieu sainct;
> Comme en un temple où luy-mesme s'est peint
> En mille endroits de couleur immortelle.
>
> Il n'y a coin si petit dans ce temple
> Où la grandeur n'apparoisse de Dieu :
> L'homme est planté justement au milieu
> Afin que mieux partout il le contemple.

On s'aperçoit que le compositeur gémissait des entraves que l'état de l'art et de la science présentait sans cesse à son inspiration, et que, impatient, il essayait parfois d'en secouer le joug. Il y a dans ces numéros une modulation en *si bémol* d'un très-bon effet; mais ce n'est là qu'une faible lueur d'indépendance qui disparaît presque aussitôt; la cadence plagale, élément harmonique inhérent à l'ancienne tonalité, le rive de nouveau à sa lourde chaîne.

Sur les vers métaphysiques :

> Au ciel n'y a nombre infini d'idées,
> Platon s'est trop en cela mesconté;
>
> . . . .
>
> . . . .

l'auteur a recherché l'effet des dessins canoniques des parties et de la modulation ; mais, comme toujours, cette modulation est circonscrite dans les tons relatifs directs du ton primordial : tonique, mode mineur, ton donné; dominante majeure ou dominante mineure; troisième degré supérieur majeur. En outre , il ne néglige jamais de donner du mouvement à la partie mélodique au moyen de l'emploi de notes brèves réitérées, quand le sens des paroles lui en fournit l'occasion.

Boni a été inspiré de la belle leçon que le poëte donne aux pères de famille dans cette strophe :

> Le sage fils est du père la joye :
> Or si tu veux ce sage fils avoir,
> Dresse-le jeune au chemin du devoir,
> Mais ton exemple est la plus courte voye.

Dans la mélodie de la strophe « *Le voyageur qui hors du chemin erre* » (la mineur), le compositeur a voulu toucher à la musique imitative par la rapidité du mouvement. A cet effet, il fait passer une longue suite de notes brèves sur le mot *voyageur*, mais en coupant ce mot de cette façon : le voya......geur. Il a imité en cela ce qui commençait à avoir lieu dans certains *solos* du chant liturgique, qui devenaient ainsi des chants de bravoure, abus qui devait être porté si loin par les compositeurs de musique religieuse au siècle suivant et plus particulièrement dans le plain-chant *figuré* ou musical, cette anomalie si déplorable. Boni continue ce même procédé d'imitation dans le vers : « *Et s'il est cheu, le relever de terre,* » où il cherche à donner l'idée de la chute d'un corps par le mouvement descendant d'octave, qu'il fait entendre deux fois, image pittoresque, souvent imitée depuis, mais peu artistique.

La strophe « *En ton parler sois toujours véritable* » est rendue par une mélodie que ne désavouerait point un compositeur moderne ([1]); seulement son économie épisodique est faite pour étonner un peu les disciples de l'École italienne; commencée dans le ton d'*ut majeur*, elle finit sur *ut dièze*, tierce de la dominante du ton de *ré mineur*.

Voici un passage où le poëte a pris ses figures dans les sciences mathématiques, car, par son érudition et ses vastes connaissances, il pouvait toucher à tout.

> La vérité d'un cube droit se forme,
> Cube contraint au léger mouvement;
> Son plan quarré jamais ne se dément,
> Et en tout sens a toujours mesme forme.

([1]) Voyez l'exemple noté n° 3.

Comme le poëte, le compositeur a voulu puiser aussi dans l'arsenal scientifique. La musique de cette strophe se fait remarquer par ses nombreuses modulations et le passage répété du mode mineur au mode majeur, où il a cherché ses effets de couleur, moyen qui était alors dans toute sa nouveauté.

Boni a fait encore de la mélodie imitative sur le mot *ramage ;* mais, en musique comme en littérature, jouer ainsi sur les mots est une afféterie d'un goût fort douteux. Cependant, ici, l'image que présente le poëte se distingue par la ressemblance frappante du trait :

> L'oyseleur caut se sert du doux ramage
> Des oysillons, il contrefait leur chant :
> Ainsi pour mieux décevoir, le méchant
> Des gens de bien imite le langage.

S'inspirant toujours de l'essence du texte, Boni déploie une grande énergie d'intonation sur les vers suivants :

> L'homme de sang te soit toujours en haine,
> Hui! hui! sur lui comme fait le berger
> Numidien sur le tigre léger
> Qu'il voit de loin ensanglanter la plaine.

Il y a de la profondeur dans la peinture de la strophe sur l'hypocrisie :

> Cacher son vice est une peine extrême,
> Et peine en vain : fay ce que tu voudras;
> A toy au moins cacher ne te pourras,
> Car nul ne peut se cacher à soy-mesme.

Le thème du chœur sur ces paroles · « Aye de toi plus que des autres honte, » est d'une rare élégance. De telles inspirations prouvent surabondamment que le maître de chapelle de Saint-Étienne était doué d'un bon sentiment mélodique.

Il y a encore du mouvement et de l'énergie dramatique dans le morceau en *fa majeur* adapté à cette strophe :

> Car Dieu qui haït le parjure exécrable,
> Et le punit comme il l'a mérité,
> Ne veult que l'on témoigne vérité
> Par ce qui est mensonger ou muable.

En suivant pas à pas le compositeur dans son œuvre, on sent que sa verve s'enflammait graduellement ; tous les numéros de la série XII témoignent d'une marche ascendante dans le mérite de la facture, comme dans la variété des rhythmes : le n° 6 présente une régularité épisodique que l'on rencontre rarement dans les œuvres musicales de cette même époque.

Dans la quatorzième série, où le poète retrace si bien la noirceur de la calomnie, on voit que le musicien fait tous ses efforts pour s'élever à la même hauteur ; mais c'est en vain : l'accent dramatique lui fait défaut.

Cependant, on lui doit cette justice, il saisit avec une rare sagacité toutes les occasions qui lui sont offertes de sortir de cette marche lente et monotone de la sentence. Il ne manque point de faire ressortir le contraste

des deux figures si caractérisées que renferme la strophe
suivante :

> Ry si tu veux, un ris de Démocrite,
> Puisque le monde est pure vanité;
> Mais quelquefois, touché d'humanité,
> Pleure nos maux des larmes d'Héraclite.

Fidèle à l'objet moral de son livre, Gui-du-Faur de
Pibrac ne pouvait négliger de mettre plus particuliè-
ment en relief le bienfait de l'homme vertueux dans la
société. L'expression de cette pensée a fourni au compositeur l'un des meilleurs morceaux de sa partition :

> Les gens de bien ce sont comme gros termes,
> Ou fort piliers qui servent d'arcs-boutans
> Pour appuyer contre l'effort du temps
> Les hauts Estats et les maintenir fermes.

Le poète termine son œuvre en recommandant aux
jeunes gens la reconnaissance envers leurs précepteurs,
le respect à la vieillesse, la continence et surtout l'a-
mour de l'étude. Exhortations que le compositeur for-
tifie par une musique toujours grave, sévère, mystique,
reposant sur une harmonie pleine à quatre, cinq ou six
parties, comme la traitaient les maîtres de cette époque dans leurs compositions de salon, appelées *madrigaux* ou *chansons*, destinées seulement aux voix, car
l'accompagnement proprement dit ne parut que plus
tard, d'abord en doublant les voix, et, peu à peu, dans
une forme qui lui fût propre.

Telle est en substance l'œuvre musicale dont la froide analyse, sans le secours d'une exécution caractéristique, ne peut donner qu'une bien faible idée. Son auteur, Boni, fut un artiste de mérite à qui nous devions un souvenir, et qui eut le rare bonheur d'associer convenablement son nom à celui du sieur Gui-du-Faur de Pibrac, l'une de nos plus belles gloires méridionales.

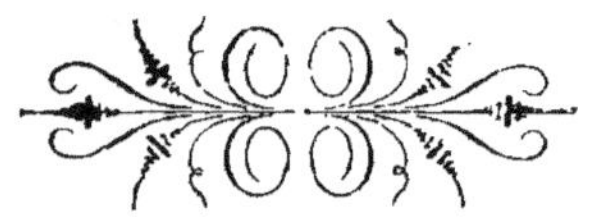

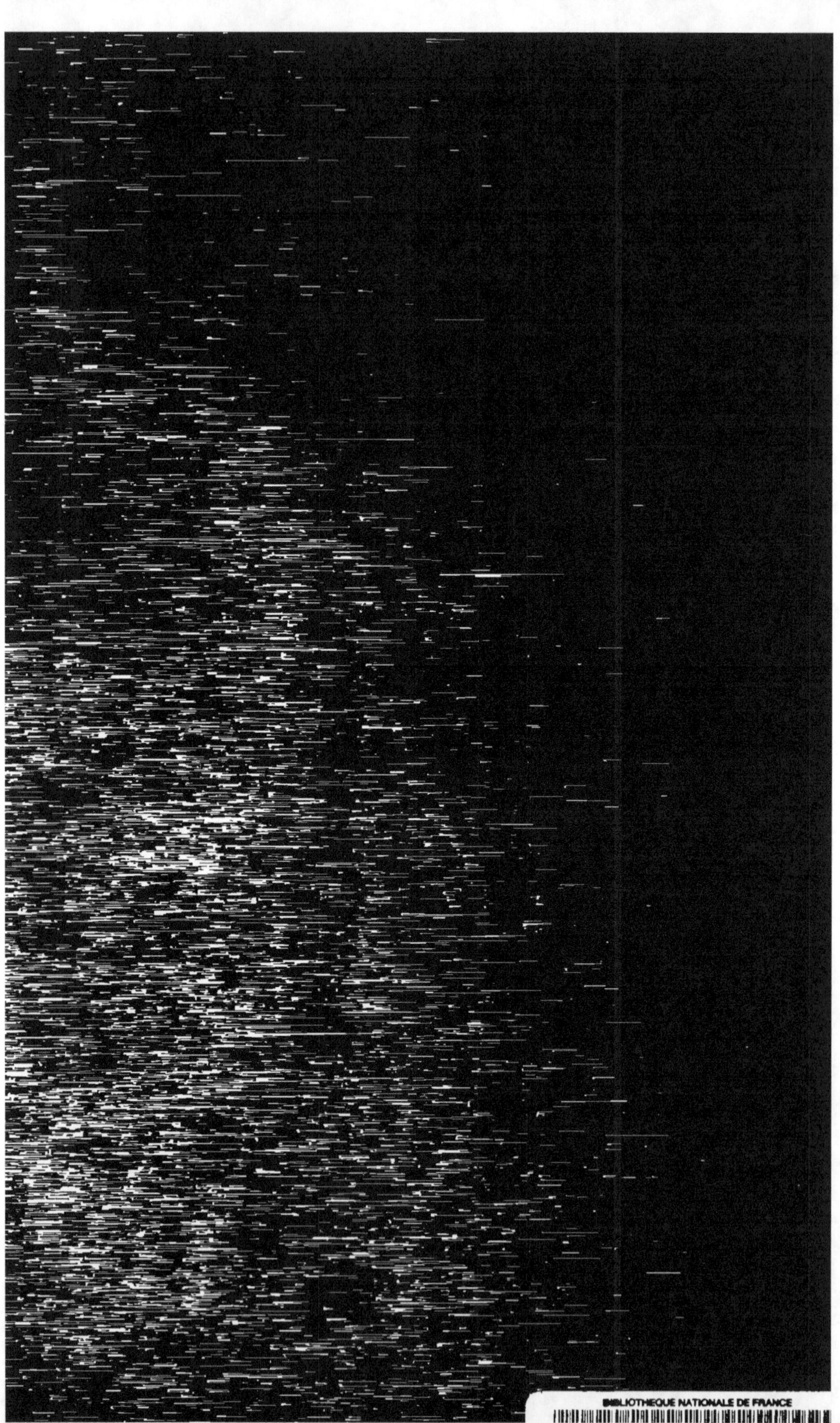